BENİ DE BİR SEVEN VARDI

"SEVGİ ŞİİRLERİYLE BAŞLAMIŞTI, YOLCULUĞUMUZ.."

Salih ASLANPARÇASI

BENİ DE BİR SEVEN VARDI

(ŞİİR-A POEM)

Yazarı (Author): Salih ASLANPARÇASI (Şiir Yazarı)

Sayfa Düzeni ve Grafik Tasarım: Murat UHRAYOGLU

Baskı ve Cilt (Publisher): www.lulu.com

Sertifika No (Content ID): 12479667

İstanbul - Ocak 2012

ISBN: 978-1-4710-6864-5

İletişim ve İsteme Adresi:

Tel: 0537 978 97 46

E-Posta (e-mail): salihteksalih@hotmail.com

ŞİİR YAZARI HAKKINDA

MEHMET SALİH NEZİH

Müstear isimli, şiir yazarı

Salih Aslanparçası

1 ocak 1989 tarihinde,

Diyarbakır'ın Çermik ilçesine bağlı,

Petekkaya köyünde dünyaya geldi.

Şiir'e olan ilgisi küçük yaşlarda başladı..

İlk şiir'ini 16 yaşında iken yazdı,

2007 yılının haziran ayında,

Ailesi ile birlikte Antalya'ya taşındı,

Halen Anyalya'da ikamet etmektedir..

S. Aslanparçası, Ocak 2012

UNUTMAK KOLAY DEĞİL

Sen de başkaları gibi çıktın.
Sen de bir yalancıymışşın.
Bana bunu da mı yapacaktın?
Hayatımı kararttın!

Git hadi, git, uzaklara git unut beni.
Zaten senin için unutmak çok kolay,
Ama benim için unutmak kolay değil..

Unutmak kolay değil,
Aşk bu, bir yalan değil.
Severken gitmek mümkün değil..

DÖNMELİSİN

Söz vermiştin, dönerim demiştin.
Bekle dedin, Ben de bekledim.
Ama dönmedin, dönmelisin!
Sensiz acılar içindeyim,
Dönmelisin, seni çok özledim..

Dönmelisin, dön ki bu hasret bitsin.
Dönmelisin, dön ki bu acı dinsin.
Dönmelisin, dön ki dertlerim bitsin.
Dönmelisin, dön ki mutluluk gelsin..

SÖZ VERDİN

Söz verdin! Ama sözünde durmayı bilmedin!
Eğer bilseydin, şu an yanımda olurdun.
Sensizliğin ne kadar zor olduğunu,
Eğer seviyorsan, sen de anlarsın.
Hasretinle yaşanmıyor ki!
Ne olur artık dön!

ZOR GELİR

Bırakıp gidiyorsun, bana hiç acımadan.
Bırakıp gidiyorsun, beni hiç dinlemeden.
Bırakıp gidiyorsun, ardına hiç bakmadan.
Bırakıp gidiyorsun, beni hiç düşünmeden..

Lütfen dur, biraz bekle.
Lütfen, iyice dinle.
Bana acımadın mı?
Lütfen, gerçeği söyle..

Zor gelir, seni unutmak,
Zor gelir, yalnız yaşamak,
Zor gelir, sensiz dayanmak,
Zor gelir, sensiz yaşamak ..

AKLIM SENDE KALDI

Senin yüzünden yıllarımı kaybettim.
Senin yüzünden hayatımı mahfettim,
Senin yüzünden mutluluğa hasretim,
Senin yüzünden herşeyimden vazgeçtim..

Oysa, sen beni hiç düşünmeden,
Hiç dinlemeden bırakıp gittin.
Beni, yalnızlığa mahkum ettin..

Anlayamazsın ki beni,
Öyle çok sevdim ki seni,
O hasretin yordu beni,
Acıların vurdu beni..

Benim aklım sende kaldı,
Senin aklın başkasındaydı..
Bu yaptığın son hataydı,
Hayatında başkası vardı..

GİDİYORUM

Gidiyorum buralardan,
Çıkıyorum hayatından,
Lütfen, bana öyle bakma.
Bak! geçerim bu canımdan..

Kolay değil biliyorum,
Ateşlerde yanıyorum,
Sensiz ne kadar yaşarım.
İnan ben de bilmiyorum..

Bir daha sevemem ki,
Yüzüne gülemem ki,
Ardımdan ağlasan da,
Geriye dönemem ki..

NASIL

Hayatımda, senden kalan birşeyler var.
Bunlar bitmeyen acılar,
Yüreğimde, senden kalan bir sızı var,
Sensiz bu yürek hep yanar..

Bir anda çekip gittin.
Bir daha hiç dönmedin,
Beni hiç düşünmedin,
Başkasını mı sevdin?

Nasıl bu acıyla savaşacağım,
Nasıl bu savaşı kazanacağım,
Nasıl sensiz dayanacağım,
Nasıl sensiz yaşayacağım..

YIKILDIM

Bir anda yıkıldım!
Artık benim için herşey bitti..
Bütün hayallerim yıkıldı,
Çünkü, sen çekip gittin.
Bir daha hiç dönmeyeceksin.
Yalnızlık öyle dayanılmaz ki,
Sensizlik öyle zor ki,
Yokluğuna nasıl dayanırım,
Şimdi ben sensiz nasıl yaşarım..

ARADIM

Yıllarca sensiz yaşadım,
Yıllarca seni aradım,
Hiç bir yerde bulamadım,
Sensiz ben çaresiz kaldım.

Olmuyor, sensiz hiç yaşanmıyor.
Bitmiyor, dertlerim hiç bitmiyor.
Her yerde bu kalp seni arıyor,
Ama, hiç bir yerde bulamıyor.

Seni bulmak için yola çıktım,
Yıllarca gece gündüz aradım,
Aradım, aradım bulamadım,
Nerelerdesin, dön yalvarırım..

DÜŞÜNCESİZ

Yıllarca her yerde seni aradım.
Ama, hiç bir yerde bulamadım.
Olmuyor, sensiz yaşamak bana çok acı veriyor.
Ama şunu bilmek isterim;
Neden bırakıp gittin?
Neden bir daha hiç dönmedin?
Beni hiç mi düşünmedin?

YALNIZIM

Ben, bu hayatta yıllardır yalnızım.
Koca dünyada yapayalnız kaldım.
Ben çok yalnız bir haldeyim,
Hep acılar içindeyim..

Ben seni çok seviyordum,
Sana çok güveniyordum,
Oysa hep aldatılmışım,
Seni hiç tanımamışım..

Yalnızım, beni çok seven çekip gitmiş,
Yalnızım, mutlu günlerim artık bitmiş,
Yalnızım, bütün hayallerim uçup gitmiş,
Yalnızım, benim için artık herşey bitmiş..

ACI

Acı çekmek, benim için hiç önemli değil artık.
Acılarla yaşamaya çoktan alıştım,
Yalnızlık eskisi gibi beni yıkmıyor artık.
Bana çok acı verse de,
Yerine başkasını sevsem mutlu olbilir miyim?
Ama, ben senin yerine hiç kimseyi koyamam!
Sen olmadıktan sonar,
Ben zaten hep mutsuz,
Hep yalnızım..

BEN SENSİZİM

Kaldım sensiz bu dünyada,
Yandım hep senin uğrunda,
Sensiz yaşanmıyor anlasana,
Gelip bu canımı da alsana..

Yıktın bütün hayallerimi,
Kırdın bütün ümitlerimi,
Yaktın her gün yüreğimi,
Aldın benden her şeyimi..

Ben sensizim, yalnızlığa alışamam ki!
Ben sensizim, bu acıya dayanamam ki!
Ben sensizim, dertlerimden kurtulamam ki!
Ben sensizim, bu dünyada yaşayamam ki!

YAZIKLAR OLSUN

Sen de bunu yaptın ya bana!
Artık bu dünyada,
Hiç kimseye güvenim kalmadı.
Bütün ümidimi kırdın,
Ben seni farklı bilirdim,
Ama ne yazık ki,
Başkalarından hiç bir farkın yokmuş.
Ben seni çok sevmiştim,
Meğerse değmezmişsin,
Sen benim her şeyimdin,
Çünkü her şeyimi sana vermiştim.
Ama sen de çekip gitmişsin,
Yazıklar olsun..

FIRTINA

Eskiden çok mutlu yaşıyordum,
Çünkü ben aşkı tanımıyordum.

Sonra sen beni görüpte sevdin,
Sen beni kendine aşık ettin.

Şimdi sen beni bırakıp gittin,
Madem gidecektin neden sevdin.

Hayatımda fırtınalar kopuyor,
Sensiz bu yürek hep yanıyor,
Sensiz yaşamak zor geliyor,
Dön artık! Dön sensiz olmuyor..

SANA NE

İçin yanar anlamazsın,
Bir düşersen kalkamazsın,
İçindeki o nefretle,
Söyle can, kaç gün yaşarsın?

Seviyordum biliyordun,
Bitiyordum görüyordun,
Senin için yaşıyorken,
Köşe bucak kaçıyordun.

Bana unut git diyorsun,
Unutamam biliyorsun,
Ben senden ayrılamam ki,
Sen beni ne sanıyorsun.

Sana ne, her zaman seni çok sevmişsem,
Sana ne, uğrunda her şeyi silmişsem,
Sana ne, seni ben kaderim bilmişsem,
Sana ne, sana ben ömrümü vermişsem..

HER ŞEY BİTMİŞ

Bana, her şey bitti, buraya kadarmış diyorsun.
Ama sen beni hiç düşünmüyorsun,
Ne oldu ben ne yaptım ki sana,
Benden unutmamı istiyorsun.
Ben sana çok alıştım,

Hayatımın her anında bir tek sen varsın.
İstesem de unutamam ki,
Biliyorum artık ne desem boş,
Sen kararını çoktan vermişsin,
Ama ben sözümden dönmeyeceğim,
Ömrümün sonuna kadar sadece seni seveceğim..

Çekip gitsen bile,
Başkasını sevsen bile,
Bundan sana ne?

NEDEN BÖYLE

Bazen insanı tanıyamıyorum!
Yaptığı işi anlayamıyorum,
Bazıları hep kendini düşünür,
Başkasını acımadan öldürür..

Kendini ne sanıyorlar,
Onları insan biliyorlar,
O masum çaresiz insanları,
Kimden izin alıp vuruyorlar..

Neden böyle sevenler hep ağlıyor?
Neden böyle gidenler hiç dönmüyor?
Neden böyle yüreğim hep yanıyor?
Neden böyle acılar hiç dinmiyor..?

ÇEKTİM

Çektim aşkın çekilmez çilesini,
Çektim aşkın en acı dertlerini,
Bittim aşkın yollarında,
Acıların ortasında..

Bütün ömrüm beklemekle geçmiş,
En güzel yıllarım yanıp bitmiş,
Aşk uğruna yanan gönlüm,
En sonunda isyan etmiş..

Eğer çektiğim acıyı anlatırsam,
Büyük bir namım olur.
Bu dünyada hiç bir zaman,
Unutulmayacak bir adım olur..

Çevremdeki her insandan,
Büyük bir farkım olur,
İşte, o gün bütün aşıklar,
Gelip beni bulur..

ACIMASIZ

Gözümün gördüğü her yerde sen vardın,
Gönlümün sarayında bir sen yaşardın,
Bu dünyada sen canımdan bir parçaydın,
Acımasız yüzünü görmeden önce..

O yalancı sözlerine inanmıştım,
O yalancı gözlerine aldanmıştım,
Böyle zalim olduğuna inanmazdım,
Acımasız yüzünü görmeden once..

Dünyamı aydınlatan güneşim sendin,
Şu gönlümü yaşatan nefesim sendin,
Bu hayatı yaşama hevesim sendin,
Acımasız yüzünü görmeden önce..

BENİM İÇİN

Gittiğin yerlerden dönmüyorsun,
Oralarda mutlu musun?
Beni hiç özlemiyor musun?
Neden artık dönmüyorsun?

Dönmelisin yar, dönmelisin.
Benim için dönmelisin.
Ne haldeyim görmelisin.
Sensiz yaşayamam bilmelisin..

ÖZLÜYORUM

İnan bana, sen gittitten sonar,
Hep hayaller kuruyorum.
Kurduğum hayallerle yaşıyorum.
Seni çok özlüyorum,
Dönmeni bekliyorum..

Hala çok özlüyorum.
Yollarını gözlüyorum.
Her zaman bekliyorum.
Döneceğine inanıyorum..

BEKLEYECEĞİM

Çekip gittiğin o günden beri,
Seni hep bekledim.
Dönmeyeceğini bilsem bile,
Hayatımın sonuna kadar beklerim..

Belki bir gün dönersin diye,
Hala bu yollarda bekliyorum.
Hiç dönmeyeceğini bilsem de,
Son nefesime kadar bekleyeceğim..

O KADAR KOLAY MI?

Lütfen, gitme gidersen aklım sende kalır.
Lütfen, gitme gidersen umudum kırılır.
Dur gitme, gidersen hayallerim yıkılır.
Lütfen gitme, gidersen hayatım kararır..

Gidersen seni beklerim,
Gidersen seni özlerim,
Ama, biliyorum artık dönmezsin.
Beni sevmezsin, unut dersin..

O kadar kolay mı seni unutmak?
O kadar kolay mı sensiz dayanmak?
Tüm anıları bir anda unutmak,
O kadar kolay mı bunu başarmak?

ACILARIMI GÖRMÜYORSUN

Seni hayatımdan söküp atamadım,
İçimdeki yarayı kapatamadım,
Eski günleri yine unutamadım,
Bu çaresiz gönlümü avutamadım.

Görmüyorsun bittiğimi,
Ne acılar çektiğimi,
İnan bana bilmiyorsun,
Seni ne çok sevdiğimi.

Acılarım dinmese de,
Dertlerim hiç bitmese de,
Seni hep bekleyeceğim,
Sen bana hiç dönmesen de..

AVUNAMADIM

Kaç kere denedim, ama hiç bir zaman başaramadım.
Bir türlü seni hayatımdan söküp atamadım.
Bu dünyada yalnızlığımı paylaşacak,
Hiç kimseyi bulamadım.
Acıların ortasında yapayalnız yaşarken,
Bu çaresiz gönlümü yine avutamadım..

BİR DAHA DÖNMEM

Dönemem artık yaptıkların affedilemez.
Ben bu hayatta hiç yanmamıştım,
Ben bu hayatta yıkılmamıştım.

Sen beni yaktın, sen beni yıktın.
Ben bunları hak etmedim.

Bir daha dönmem, sen bir yalancısın.
Bir daha dönmem, sen bir vefasızsın.
Bir daha dönmem, sen beni aldattın.
Bir daha dönmem, sen bir vicdansızsın..

DÖNEMEM

Bir daha dönmem,
Senin bana yaptıkların affedilemez.
Ben bunları hak etmek için,
SANA ne yaptım söyler misin?
Sadece seni çok sevmiştim,
Ama sen sözlerinle beni hep aldattın.
Senin ne kadar zalim,
Ve yalancı olduğunu artık anladım.
Bir daha dönmem,
Herşey bitti.
Herşeyi sen bitirdin..

O GİTTİ ARTIK

Unut kalbim, neden anlamak istemiyorsun?
O gitti artık, hiç dönmez sen de biliyorsun.
Acımasız gerçeği yakından görüyorsun.
Neden hala dönecekmiş gibi bekliyorsun?

O seni çoktan unutmuş.
Yep yeni bir hayat kurmuş.
Sen de onu unut artık,
Üzülmeyi bırak artık.

O gitti artık, bir daha hiç dönmeyecek.
O gitti artık, bir başkasını sevecek.
O gitti artık, seni hiç düşünmeyecek.
O gitti artık, seni aklından silecek..

UNUT

Unut kalbim, neden boşuna bekliyorsun?
Onun dönmeyeceğini sen de görüyorsun.
O seni çoktan unutmuş,
O kendine yep yeni bir hayat kurmuş,
Sen hala boşuna bekliyorsun.
Artık kabul etmelisin,
O gitti, bir daha hiç dönmeyecek..

GİT

Acıya daldım,
Hep çaresiz kaldım,
Ateşte yandım,
Ben nasıl dayandım.

Şimdi bana diyorsun ki sen,
Ellerimi bırak gideyim.
Kendi yolumda yürüyeyim.
Seni de kalbimden sileyim.
Hayatıma devam edeyim..

Git artık, yanımda kalamazsın.
Git sen, ondan hiç ayrılamazsın.
Git artık, ardından ağlamam ki.
Git artık, seni hiç aramam ki..

HADİ GİT

Git artık, neyi bekliyorsun ki?
Sen zaten kararını çoktan vermişsin, ama senden bir,
İsteğim var, lütfen bir daha karşıma çıkma.
Çünkü, seni her gördüğümde yüreğim yanacak.
Korkma, sana bütün hakkımı helal ettim.
Hadi şimdi git, yolun açık olsun..

İNAN Kİ

Ben hayatımdan seni hiç çıkarmam,
Ben sensiz dayanamam ki.
Bu dünyada seni yalnız bırakamam,
Ben sensiz yaşayamam ki..

Herşeyi seninle anladım,
Herşeyi seninle başardım,
Dünyayı bana sen tanıttın,
Herşeyi seninle yaşadım..

İnan ki, bu gözler senden başkasını göremez,
İnan ki, bu gönlüm senden başkasını sevemez,
Bak, benim gibi hiç kimse seni mutlu edemez,
İnan ki, benim gibi hiç kimse seni sevemez..

SÖZ VERDİM

Bu dünyada sana bir söz verdim:
İnan bana sözümü hep tutacağım,
Seni hiç unutmayacağım,
Sen benim tek sevdiğimsin.

Hep öyle kalacaksın,
Bu kalbimde senden başka,
Hiç kimseye yer yok.

Sen hayatımın anlamısın,
Sen benim kaderimsin,
Sen benim herşeyimsin,
Ben seni hiçbir zaman unutamam..

SEVDİM SENİ

Gözlerindeki o sevgiyi görüyorum,
Yüreğindeki o korkuyu biliyorum,
Senin beni çok sevdiğini görüyorum,
Sakın korkma! Ben de seni çok seviyorum.

Sevdim seni kimse bilmez,
Benim gibi kimse sevmez,
Benim bu aşkım hiç bitmez,
Gözüm başkasını görmez.

Sevdim seni vazgeçemem,
Bu yoldan geri dönemem,
Senden başkasını sevemem,
Başkasını hiç göremem..

ALDIRMA GÖNLÜM

Bırakıp da gidiyormuş,
Bana hiç acımıyormuş,
Onun için bittiğimi,
Meğerse hiç görmüyormuş.

Anla artık! anla gönlüm,
Ben de yandım sende yandın,
Neden? diye sorma gönlüm,
Vakit geçti bitti ömrüm.

Zaten bir gün gidecekti,
Bu sevdamız bitecekti,
Yaşadığım tüm acılar,
Beni benden edecekti.

Aldırma gönlüm! ne olur aldırma,
Bir haine ne olur artık yalvarma,
Bırak gitsin ardından hiç ağlama,
Çektiğin acıyı dünyaya haykırma..

ANLASANA

Anlasana gönlüm! biraz olsun anlasana,
Ondan sana yar olamaz.
Bir kez olsun etrafına baksana,

Bu sevda dediğin,
Bir ömür boyu kazamayacağın
Sonsuz bir savaş değil midir?
Bu acıya daha ne kadar,
Dayanabilirsin ki gönlüm, ne kadar?

Zaten tükenmiş bir ömrün son günlerinde değilmisin
Hiç olmazsa bundan sonra,
Biraz mutlu yaşasan,
Ne olur gönlüm, ne olur..?

BEN

Bu dünyada kimse beni güldüremez,
İçimdeki acıları öldüremez,
Acılarım beni benden etse bile,
Yollarımdan kimse beni döndüremez.

Ben aşkların simgesiyim,
Görülmemiş emsaliyim,
Yalnızlığın adım adım,
Peşindeki gölgesiyim.

Bir annenin, hiç bitmeyen sevgisiyim.
Bir hasretin, tükenmeyen öfkesiyim.
Kalpsizlerin, yüzü gülmez esiriyim.
Anla artık, ben de böyle birisiyim..

YALANCI

Haram olmuş şu gençliğim,
Yalan olmuşşun sevgilim,
Bak! kör olmuş bu gözlerim,
Senin sayende sevgilim.

Yalancı sözlerinle,
Yalancı gözlerinle,
Vurdun beni vicdansız,
Sen kendi ellerinle.

Yalancı, hani benimle gelecektin?
Yalancı, hani bir beni sevecektin?
Yalancı, hani sözünden dönmeyecektin?
Yalancı, hani gözümden düşmeyecektin..?

BAŞARAMADIM

Unutmayı denedim, ama başaramadım.
Kaç kere aradım, ama hiç ulaşamadım.
Bu dünyada ben sana hiç kavuşamadım.
Yalnızlığımı seninle paylaşamadım.

Çaresizce bekliyorum,
Döner misin? bilmiyorum,
Yalnızlığın kollarında,
Sana hasret yaşıyorum.

Şimdi sensiz yüreğim yanıyor.
Şimdi sensiz güllerim soluyor.
Şimdi sensiz ellerim tutmuyor.
Şimdi sensiz hayatım bitiyor..

SENİ AFFEDEMEM

Bana aşkın acısını yaşattın,
Bana sensiz bir dünya bıraktın,
Seni o kadar çok sevmeme rağmen,
Beni her gün ateşlerde yaktın.

İçimdeki acının sebebi sensin.
Beni böyle çaresiz bırakan sensin.
Şu gönlümün umudunu kıran sensin.
Hayatımı param parça eden sensin.

Şimdi gelmiş karşımda duruyorsun.
Gözlerimin içine bakıyorsun.
Beni affet diye yalvarıyorsun.
Seni affedemem ki, biliyorsun..

NEDEN BÖYLE

Bırakıp gitti bütün sevdiklerim,
Yok olup bitti bütün hayallerim,
Ateşler içinde yanmış bedenim,
Bitmiyor acıyla geçen günlerim..

Gençliğim elden kaymış gidiyor,
Gözlerim bir tek seni arıyor,
Sensiz yaşamak çok zor geliyor,
Sensiz gönlüm çaresiz kalıyor..

Nereye kadar seni bekleyeceğim,
Nereye kadar seni özleyeceğim,
Nereye kadar acılar çekeceğim,
Nereye kadar tek seni seveceğim..

İNANIR MISIN?

İnanır mısın? Sanki bu dünyaya,
Senden acı çekmeye gelmiş gibiyim.
Bütün günlerim acılar içinde bitiyor,
Ve bütün ömrüm seni beklemekle geçiyor..

Sayende en güzel yıllarım bana haram oluyor,
Sayende gönlüm her gün işkence görüyor,
Ve bütün hayallerim yıkılmaya mahkum kalıyor,
Ve bütün umutlarım artık beni terk ediyor..

ÖZÜR DİLERİM

Duyduklarıma inanamıyorum,
Gördüklerimi anlayamıyorum,
Karşımdakini tanıyamıyorum,
Bu acılara dayanamıyorum.

Bana bunu neden yaptın,
Beni böyle neden yaktın,
Seni seven şu gönlümün,
Hayalini neden yıktın?

Özür dilerim, seni deliler gibi sevdiğim için,
Özür dilerim, seni başımın tacı bildiğim için,
Özür dilerim, o yalan aşkına inandığım için,
Özür dilerim, seni öyle yanlış tanıdığım için..

YOLUN SONUNDAYIZ

Artık yolun sonundayız,
Mutsuzluğun tadındayız,
Farkında olmasak bile,
Acıların koynundayız.

Artık yolun sonundayız,
Yalnızlığın kolundayız,
Kabullenmek zor olsa da,
Ayrılığın başındayız..

AYRILIK

Artık sevdiğim değilsin,
Bir daha da olamazsın,
Sebebini sen bilirsin,
Yanıma yaklaşamazsın.

Durma artık git yoluna,
Beklediğin hep boşuna,
Gitmese de hiç hoşuna,
Ayrılığı tak koluna.

İnşallah mutlu olursun,
Hak ettiğini bulursun,
Benim gibi olmasa da,
Seni seveni bulursun..

GÖNÜL YARASI

Gönlümün yarası kapanmak bilmiyor.
Derdime dermanı hiç kimse bulmuyor.
Halimi kimseler gelip de sormuyor.
Umudum tükenmiş hayatım bitiyor.

Bir daha sözüne inanır mıyım?
Gönlümde aşkını yaşatır mıyım?
Yalancı yüzüne aldanır mıyım?
Aşkınla gönlümü ağlatır mıyım?

Artık sen gönlümün sahibi değilsin,
Artık sen aşkımın talibi değilsin,
Artık sen gözümde kalmayan birisin,
Artık sen umrumda olmayan birisin..

AYRILIYORUM

Bugün senden ayrılıyorum,
Aldım başımı gidiyorum,
İnan ki çok üzülüyorum,
Başka çarem yok biliyorum.

En güzel hayalim sayende yıkılıyor,
Cehennem ateşinde gönlüm yakılıyor,
Bütün kapılar üzerime kapanıyor,
Sayende bu hayat bana acı veriyor.

Sana diyecek sözüm kalmadı,
Seni görecek gözüm kalmadı,
Seni sevecek gönlüm kalmadı,
Sana verecek ömrüm kalmadı..

SENİN İÇİN

Bilir misin senin için,
Yazar oldum şair oldum.
Sabah akşam yazdım durdum,
Neler umdum, neler buldum.

Bilir misin senin için,
Şarkı oldum türkü oldum.
Dilden dile gezdim durdum,
Çok okundum çok savruldum.

Bilir misin senin için,
Bu şehirde kervan oldum,
Sokak sokak gezdim durdum.
Çok yol aldım, çok yoruldum..

BİLMEZ MİSİN?

Bilmez misin tek sevdiğim,
Ap aydınlık gündüzlerde,
Kap karanlık gecelerde,
Benim aklım birtek sende.

Gül kokulu bahçelerde,
Dalgalanan denizlerde,
Dolaştığım şehirlerde,
Benim aklım birtek sende.

Aklım sende fikrim sende,
Gözüm sende gönlüm sende,
Söyler misin tek sevdiğim,
Ne kaldı ki bu bedende..

BİR YOLA ÇIKTIM

Ben bu gün bir yola çıktım yürüyorum,
Bilmiyorum ben nereye gidiyorum,
Belki bir denizde boğulmaya doğru,
Belki bir yangında kül olmaya doğru.

Belki bir yağmurda ıslanmaya doğru,
Belki de güneşte kurumaya doğru,
Belki bir depremle sarsılmaya doğru,
Belki bir rüzgarda savrulmaya doğru.

Belki bir kurşunla vurulmaya doğru,
Belki bir kalemle kırılmaya doğru,
Belki bir yaprakla sararmaya doğru,
Belki bir mezarda uyumaya doğru..

AYIRMAYIN

Beni ondan ayırmayın,
Karanlıkta bırakmayın,
İnadınızdan vazgeçip,
Artık yoluma çıkmayın.

Saçlarımı yoldurmayın,
Güllerimi soldurmayın,
Beni derde bağlamayın,
Hayallerimi yıkmayın.

Beni ele güldürmeyin,
Diyar diyar gezdirmeyin,
Bu canımdan bezdirmeyin,
Genç yaşımda öldürmeyin..

BOŞ YERE SEVMİŞİM

Ondan bana ne kaldıysa,
Hepsini yaktım bu akşam,
Artık bana ne yaptıysa,
Yoluma baktım bu akşam.

Ne dilimde ismi kaldı,
Ne cebimde resmi kaldı,
Duysun artık bu sözleri,
Bilsin bütün gerçekleri.

Demek ki boş yere bunca yıl sevmişim,
Demek ki boş yere acılar çekmişim,
Ömrümü boş yere yoluna sermişim,
Demek ki boş yere gönlümü vermişim..

*BENİ DE BİR SEVEN VARDI

Beni de bir seven vardı,
Gözlerime gülen vardı,
Dertlerimi bilen vardı,
Her halimi gören vardı.

Beni de bir seven vardı,
Yollarımda sabahlardı,
Beklemekten sıkılmazdı,
Bana şiirler yazardı.

Beni de bir seven vardı,
Kader onu benden aldı,
Beni dertten derde saldı,
Bana bir tek ölüm kaldı..

AKLIM BAŞIMDAN GİTTİ

Yollarında düşmüşüm kaldıran bulunmaz ki,
Üstüme basıp geçtin bu kadar da olmaz ki,
Ne yeminler etmiştik bunlar unutulmaz ki,
Haykıran şu gönlümü bir kez olsun duymaz ki.

Onun ne hakkı vardı beni böyle yakmaya,
Kurduğum hayalleri düşünmeden yıkmaya,
Onun ne hakkı vardı umudumu kırmaya,
Karanlık gecelerde uykusuz bırakmaya.

Aklım başımdan gitti bir daha gelmiyor ki,
Onu öyle çok sevdim kimseler bilmiyor ki,
Gözlerimin önünden hayali gitmiyor ki,
Ne hallere düşmüşüm o beni görmüyor ki..

SON DURAK

Bu güne kadar,
Gezdiğin gördüğün,
Kaldığın göçtüğün,
Yol, durak, şehir, kasaba;
Köy, bucak önemli değil.
Önemli olan,
Varacağın o son durak..

BANA BENİ ANLATMA

Bana beni anlatma,
Beni benden iyi tanıyamazsın,
Bana beni anlatma,
Başın döner yerinde duramazsın,
Bana beni anlatma,
Yolunu kaybeder hiç bulamazsın,
Bana beni anlatma,
Umudun tükenir yaşayamazsın..

BU ŞEHİRDE BİR ŞAİR YAŞIYOR

Bu şehirde bir şair yaşıyor,
Bir kalem bir de kağıt taşıyor,
Başından geçenleri yazıyor.

Bu şehirde bir şair geziyor,
Yollarında çiçekler açıyor,
Onu gören peşinden gidiyor.

Bu şehirde bir şair yaşıyor,
Geleceğe umutla bakıyor,
Benimle aynı ismi taşıyor..

SEN

Yazdığım şiirde sen,
Gezdiğim şehirde sen,
Yüzdüğüm denizde sen,
Nasıl bir şeysin ki sen?

Aklımın ucunda sen,
Fikrimin başında sen,
Çıktığım her yolda sen,
Nasıl bir şeysin ki sen?

Ellerimden tutan sen,
Hep yanımda kalan sen,
Hayalimde olan sen,
Nasıl bir şeysin ki sen.?

SENSİZLİK

Olmayınca olmuyormuş,
Senin yerin dolmuyormuş,
Hayatta neler biterken,
Bu sensizlik bitmiyormuş..

BİR GÜN

Lütfen numaramı slime,
Belki bir gün ararsın,
Resmimizi yırtıp atma,
Özleyince bakarsın..

Güz güllerim sende kalsın,
Kurutur da saklarsın,
Sana olan bu aşkımı,
Belki bir gün anlarsın...

S. A.

www.ingramcontent.com/pod-product-compliance
Ingram Content Group UK Ltd.
Pitfield, Milton Keynes, MK11 3LW, UK
UKHW041917190726
13854UKWH00003B/1297

9 781471 068645